Les Droits de l'homme

Les Droits du citoyen

DÉPOSÉ

L'égalité devant la loi

La conscription ou l'Impôt du Sang

Article 1

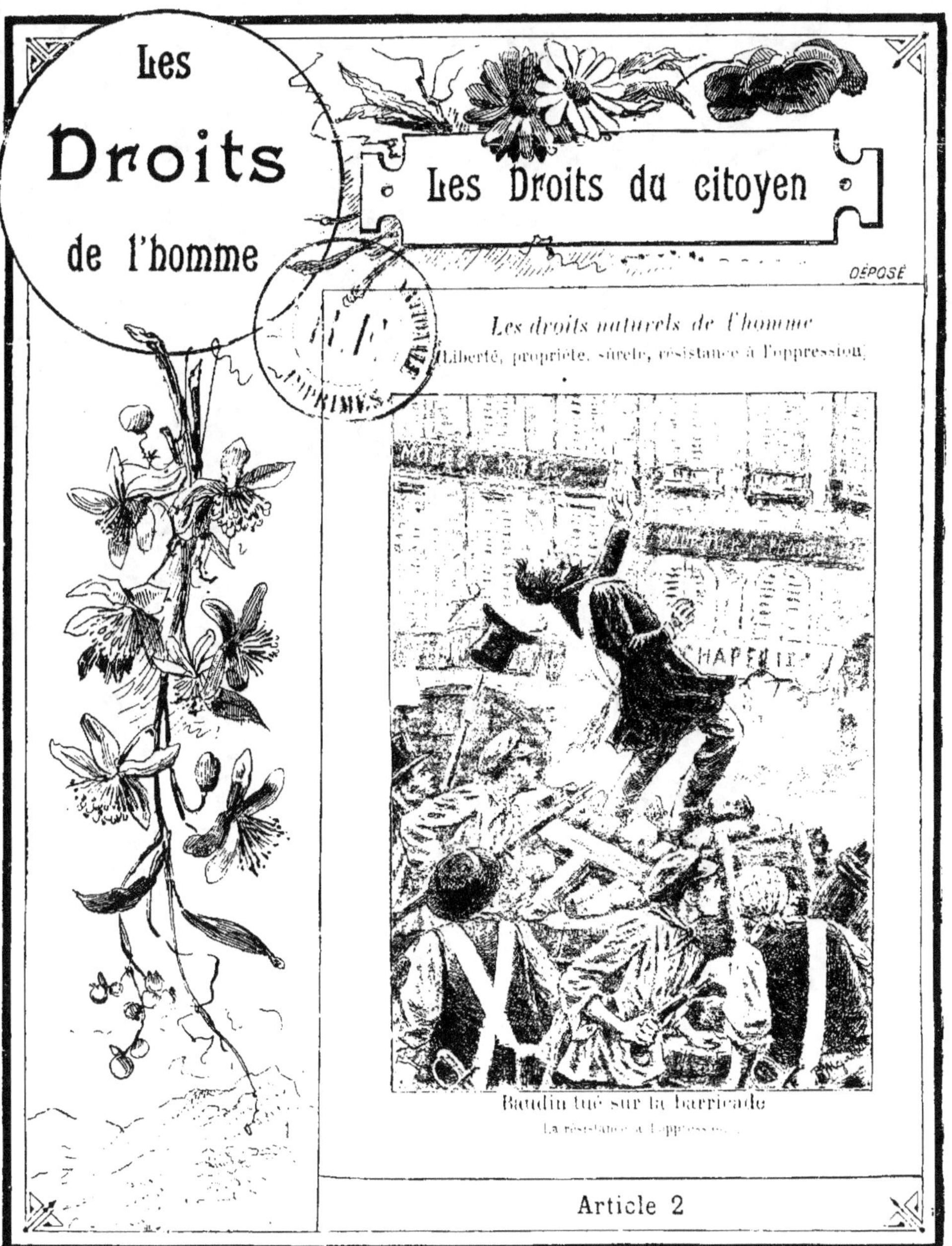

Les
Droits
de l'homme
Les Droits du citoyen
DÉPOSÉ
Les droits naturels de l'homme
(Liberté, propriété, sûreté, résistance à l'oppression)
CHAPELLE
Baudin tué sur la barricade
(La résistance à l'oppression)
Article 2

Les Droits de l'homme

Les Droits du citoyen

Le résultat des élections

Article 3

Les Droits de l'homme

Les bornes de la liberté

Un abus de la liberté

Article 4

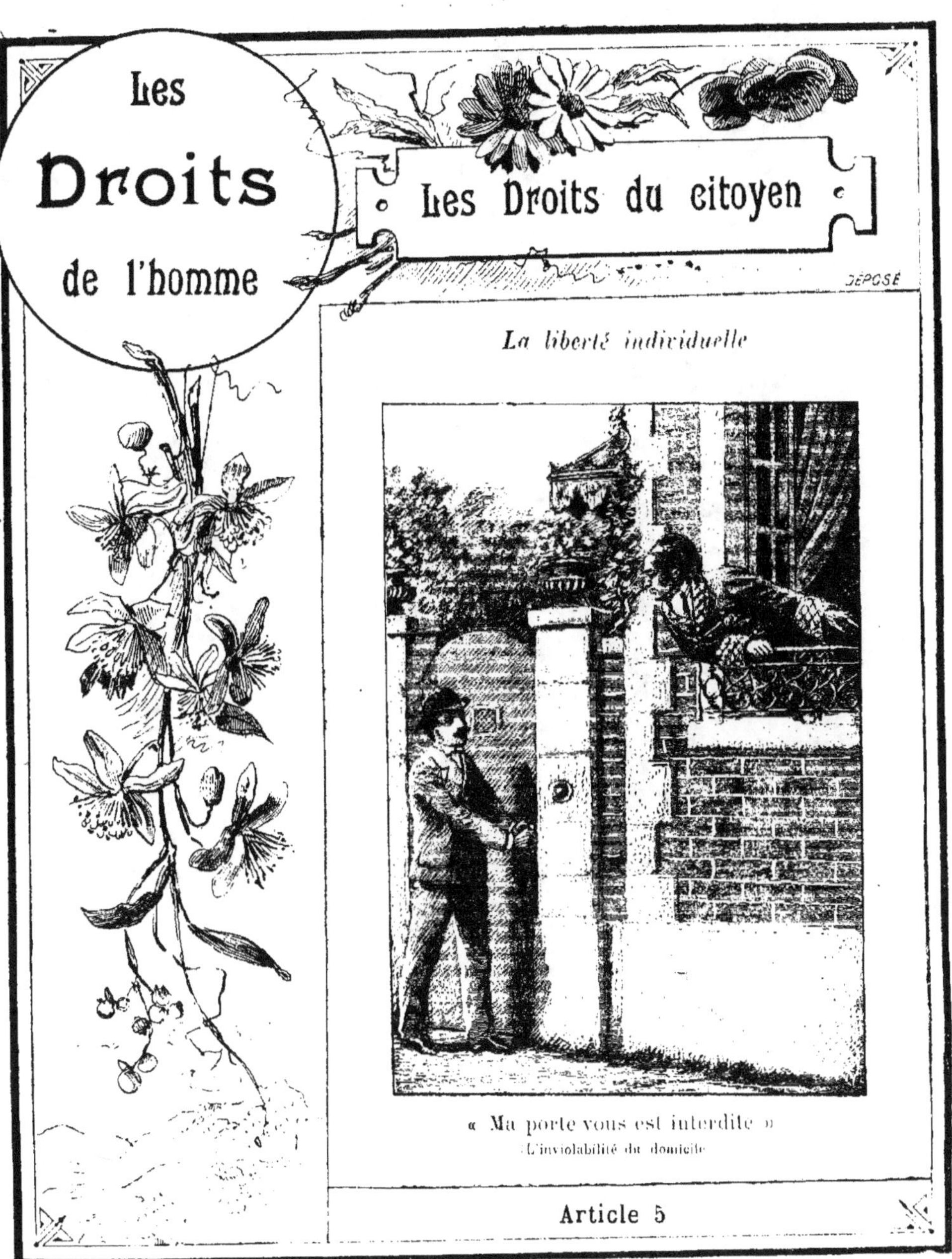

Les Droits de l'homme
Les Droits du citoyen
DÉPOSÉ
La liberté individuelle
« Ma porte vous est interdite »
L'inviolabilité du domicile
Article 5

Les Droits du citoyen

Hommage à la vertu et au talent

Une décoration méritée

Article 6

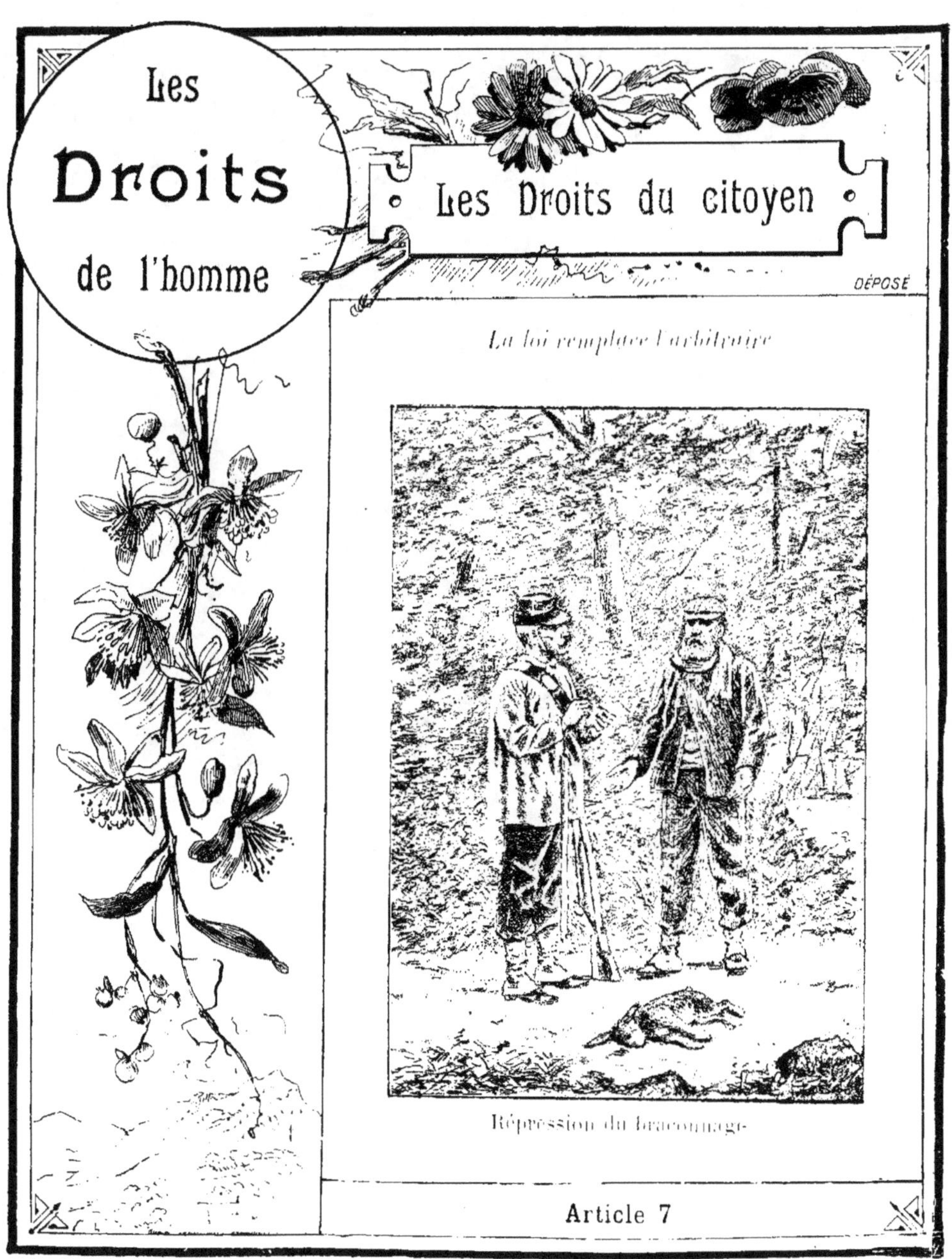

Les
Droits
de l'homme
Les Droits du citoyen
DÉPOSÉ
La loi remplace l'arbitraire
Répression du braconnage
Article 7

Les droits de l'accusé

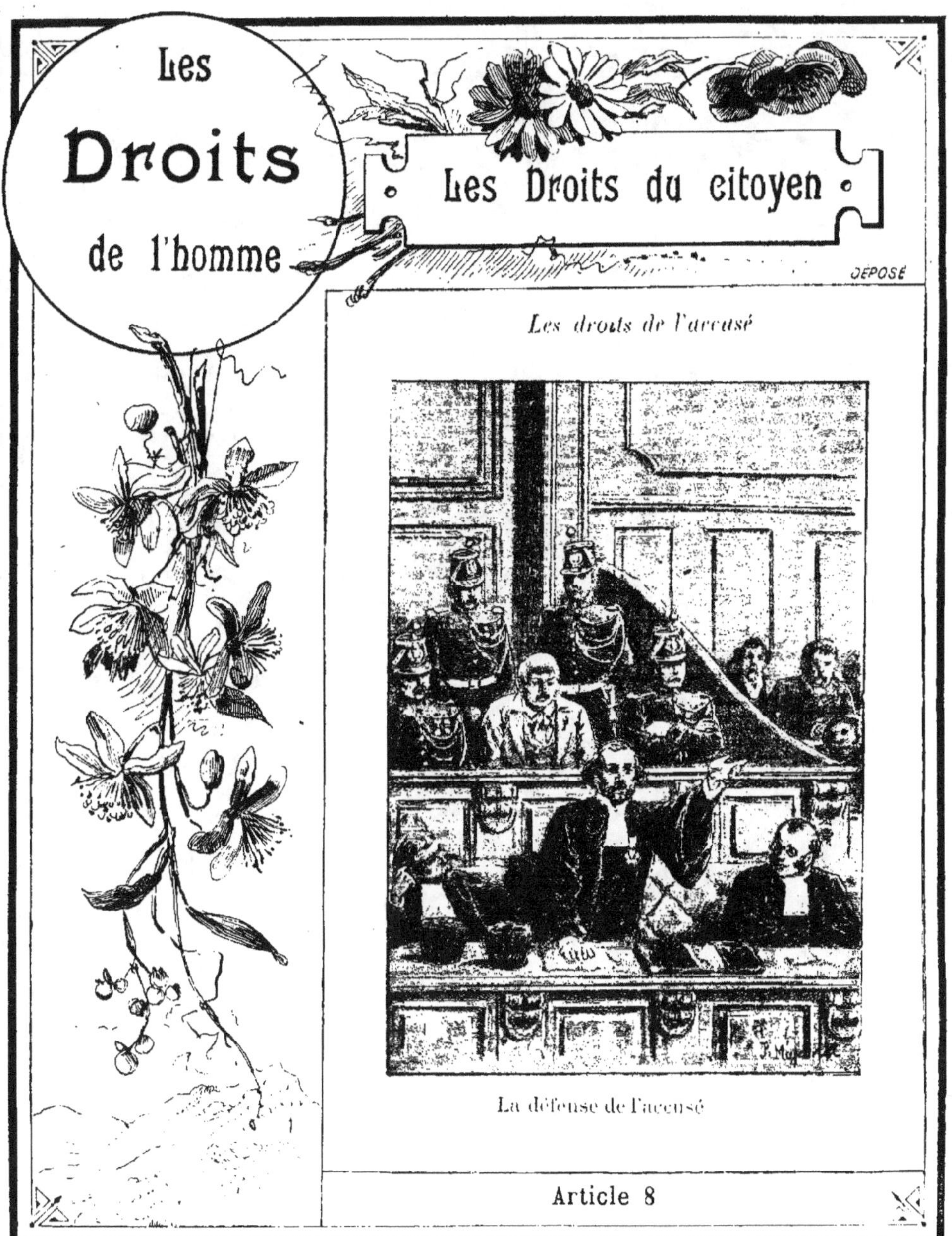

La défense de l'accusé

Article 8

Les
Droits
de l'homme
Les Droits du citoyen
DÉPOSÉ
La prison préventive
La détention préventive est sans rigueur
Article 9

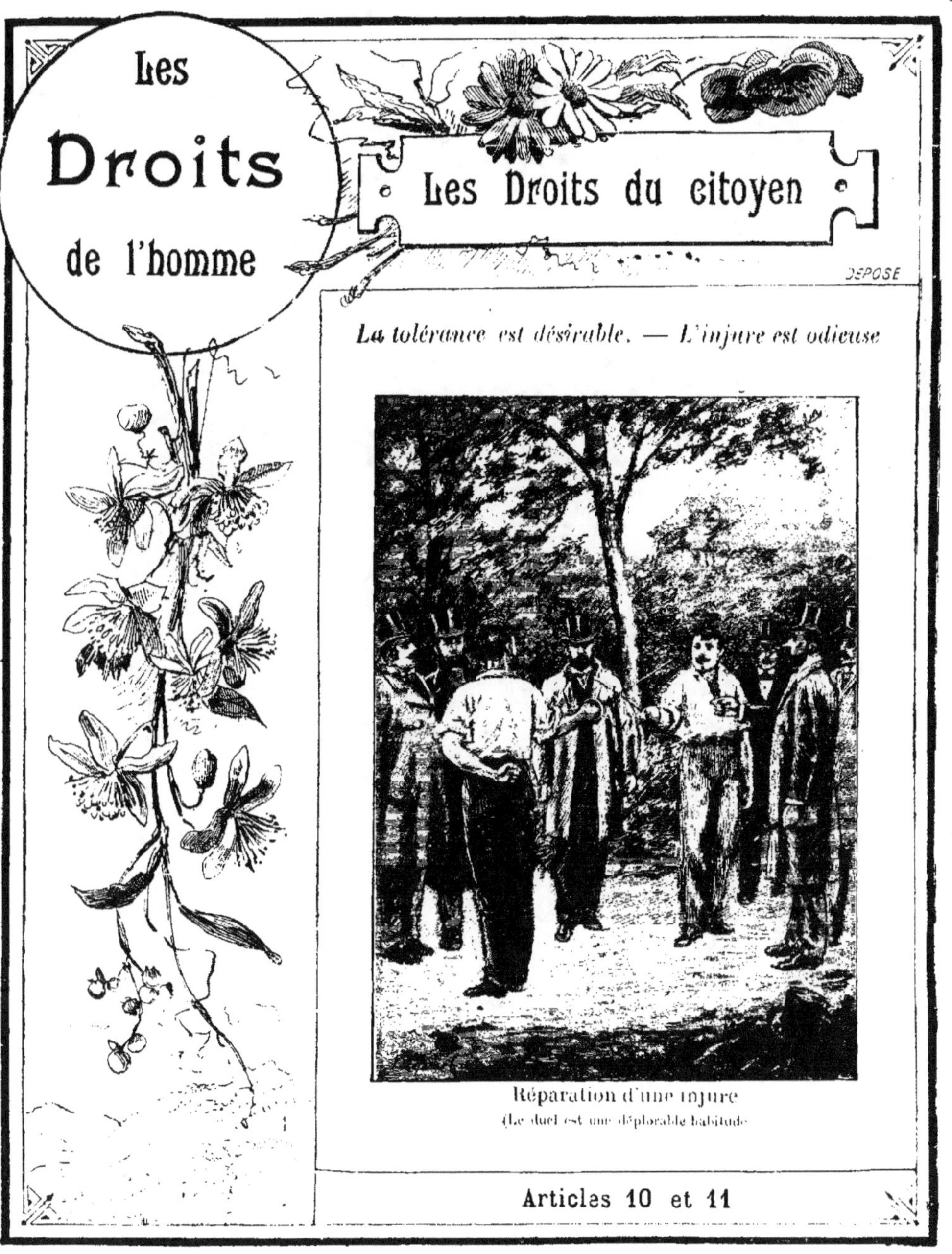

Collection C. CHARIER.

Les
Droits
de l'homme
Les Droits du citoyen
DÉPOSÉ
La sécurité publique
Arrestation d'un vagabond
Article 12

Les Droits du citoyen

La nécessité de l'impôt

La perception de l'impôt

Article 13

Les Droits de l'homme

Les Droits du citoyen

Le budget en discussion au conseil

Article 14

Les Droits de l'homme

Les Droits du citoyen

DÉPOSÉ

Le droit de contrôle. — L'intégrité des fonctionnaires

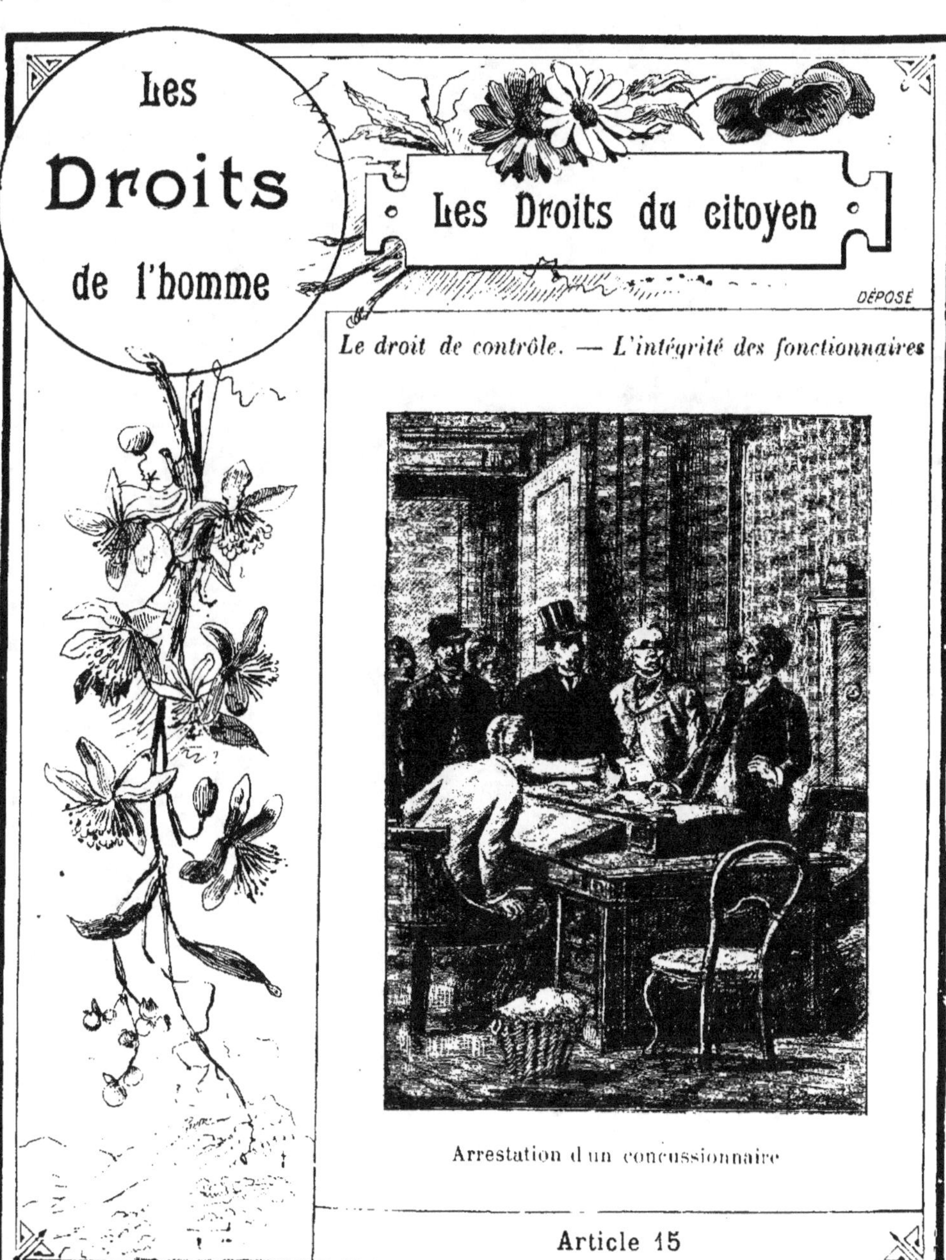

Arrestation d'un concussionnaire

Article 15

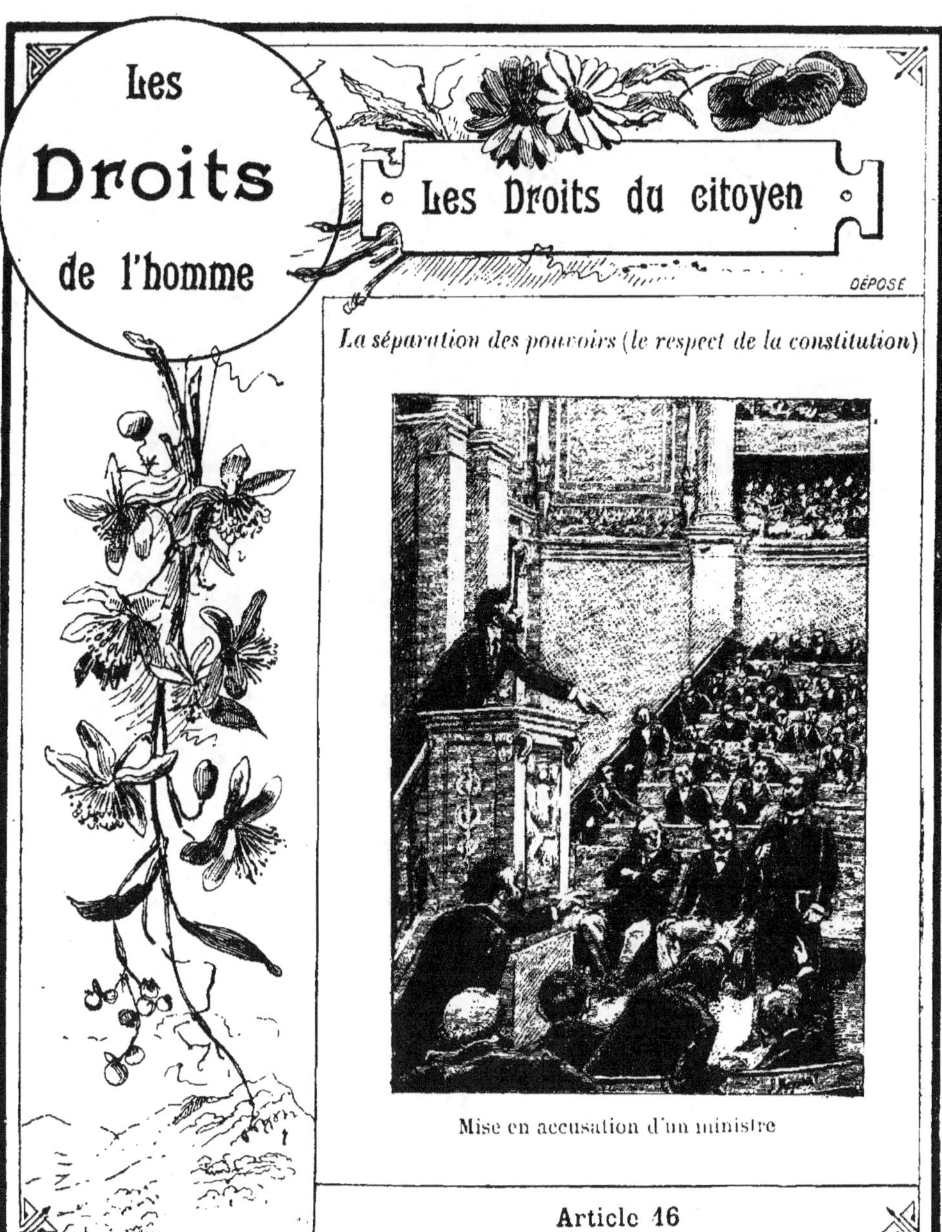

Collection C. CHARIER.

Les Droits de l'homme

Les Droits du citoyen

L'inviolabilité de la propriété

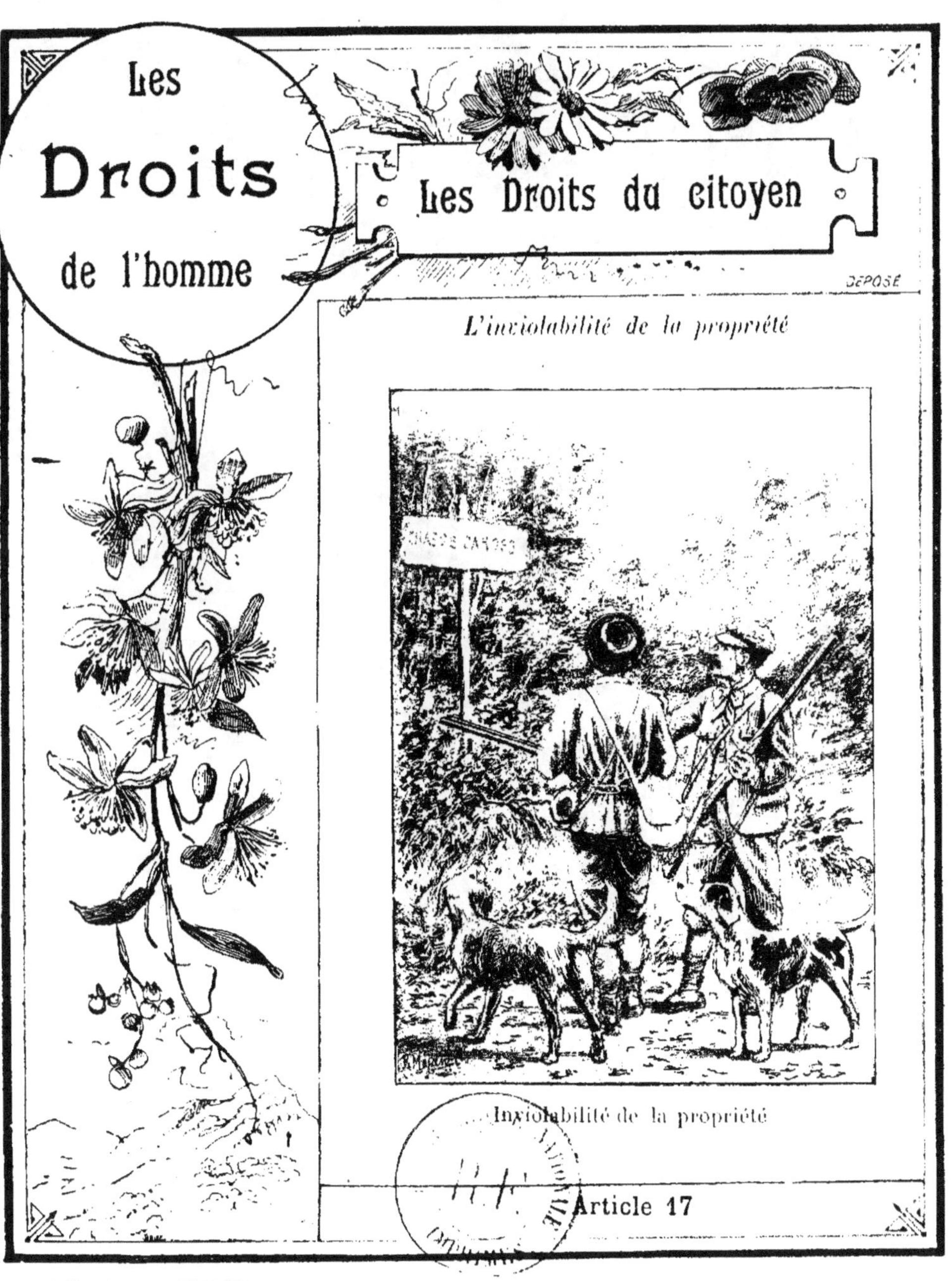

Inviolabilité de la propriété

Article 17

L'INVIOLABILITÉ DE LA PROPRIÉTÉ
L'EXPROPRIATION POUR CAUSE D'INTÉRÊT PUBLIC

Article 17. — La propriété étant un droit inviolable et sacré, nul ne peut en être privé, si ce n'est lorsque la nécessité publique, légalement constatée, l'exige évidemment, et sous la condition d'une juste et préalable indemnité.

Voir l'article 2 : **Propriété.**

L'expropriation est le droit accordé à l'Etat de dépouiller un propriétaire de ses biens, moyennant une indemnité, lorsque l'intérêt général l'exige.

Il arrive que, dans l'application, les pouvoirs publics se trouvent en présence de deux principes, dignes de la sollicitude du législateur, qu'il s'agit de concilier : d'abord tout citoyen, propriétaire, tient de sa qualité d'homme libre le droit de posséder, droit primordial et imprescriptible qui dérive de la nature. Il n'appartient donc à aucun gouvernant d'en confisquer le bénéfice, parce qu'il sert de base aux institutions sociales. D'autre part, l'intérêt général, c'est-à-dire l'intérêt de tous, doit passer avant celui d'un seul ou de plusieurs, tellement que l'intérêt particulier, quelque respectable et légitime qu'il apparaisse, ne peut empêcher le développement des forces vives de la nation, restreindre son droit de marcher dans la voie des améliorations et du progrès, ni entraver sa marche et arrêter son essor.

Si l'Etat, le département ou la commune veut faire passer un chemin, un canal ou une ligne de chemin de fer à travers un terrain, propriété privée, il ne peut, sur le refus du propriétaire de céder son bien, sacrifier les avantages qui résulteraient pour la collectivité de l'exécution des travaux projetés, et dont l'achèvement serait si fécond en heureux résultats. Le sacrifice demandé au propriétaire n'est, à proprement parler, que moral, en ce qu'il peut chasser un fils du foyer paternel ou livrer à la pioche des démolisseurs une maison pleine de souvenirs honorables et chers, mais il n'atteint pas ses intérêts matériels, qui sont couverts par une indemnité payée par l'autorité qui ordonne l'expropriation, évaluée dans une proportion juste et au moins égale au préjudice que cause la spoliation.

L'acte brutal, qui au premier abord semble révolter notre sentiment de liberté, d'indépendance et porter une main sacrilège sur les droits de l'individu, se trouve donc non seulement atténué par le paiement d'une indemnité raisonnable, mais apparaît bientôt comme un progrès, si l'on considère que les bienfaits que la collectivité peut en attendre doivent forcément retomber sur chacun de ses membres dans la quote-part de bien-être que chaque citoyen est en droit d'attendre de la marche des affaires publiques.

ER. RICHA.

C. CHARIER, éditeur à Saumur

LA SÉPARATION DES POUVOIRS — LE RESPECT DE LA CONSTITUTION

ARTICLE 16. — *Toute société dans laquelle la garantie des droits n'est pas assurée, ni la séparation des pouvoirs déterminée, n'a point de Constitution.*

La Constitution règle les attributions respectives des mandataires de la souveraineté du peuple, le fonctionnement de chacun des pouvoirs de l'Etat, les droits imprescriptibles de l'individu relativement à la liberté individuelle, la liberté de conscience, la liberté du travail, la liberté de la presse, la liberté de réunion et la liberté d'association, enfin la participation des citoyens à l'exercice du pouvoir qui est attribué aux élus des différents modes de suffrage.

Sous l'ancienne monarchie, il n'y a pas eu de Constitution à proprement parler. Il appartenait aux législateurs de 1789 de donner définitivement au pays une constitution qui répondît aux besoins sociaux. Leur œuvre ne fut certes pas parfaite, mais la Constituante a affirmé des principes généraux qui demeurent à travers l'instabilité des gouvernements successifs et ne doivent pas cesser de former la base des institutions modernes.

La Révolution française a inauguré ce principe que la souveraineté réside dans la masse de la nation et que tous les pouvoirs délégués par elle restent limités dans leur sphère propre, sans empiétement possible de l'un sur l'autre. C'est en maintenant la séparation des pouvoirs législatif, exécutif et judiciaire que la Constitution prévient cet envahissement. Autrefois, la division des castes, représentant des intérêts et des aspirations contraires, ne pouvait maintenir cet équilibre ; il en résultait un perpétuel conflit entre les différents corps privilégiés.

Dans les sociétés égalitaires modernes, la séparation des pouvoirs rétablit cet équilibre et prévient le retour au despotisme. La confusion des pouvoirs ou leur bonne distribution fait la différence entre les gouvernements absolus et les gouvernements libres.

Comme toujours, la Révolution française de 1789 a ouvert au monde la voie qui conduit à la liberté.

Une bonne Constitution doit donc délimiter les rapports de chacun des citoyens entre eux et envers les pouvoirs publics, de manière à ne laisser aucune place à l'imprévu et à l'arbitraire.

En. RICHA.

C. CHARIER, éditeur à Saumur

INTÉGRITÉ DES FONCTIONNAIRES — DROIT DE CONTROLE

ARTICLE 15. — *La société a le* droit de demander COMPTE *à tout agent public de son administration.*

Tout fonctionnaire de l'Etat tient son pouvoir de la souveraineté du peuple dont il est le mandataire : en sorte que la société a le droit, par ses représentants, de demander compte aux agents publics de la façon dont ils ont rempli la mission qui leur a été confiée.

Le dévouement et l'intégrité sont les qualités qu'on exige d'eux ; et lorsque certains manquent à leurs devoirs et se rendent coupables de malversations graves, ils peuvent encourir la peine de la dégradation civique.

Cette peine est infamante. Elle consiste dans le caractère indélébile d'infamie qu'elle imprime au condamné. Elle ne se borne pas à une flétrissure morale, elle entraîne des déchéances considérables et généralement irréparables qui attaquent les droits politiques du condamné et même plusieurs de ses droits civils et de famille.

L'article 34 du Code pénal s'exprime ainsi : « La dégradation civique consiste : 1º dans la destitution et l'exclusion des condamnés de toutes fonctions, emplois ou offices publics ; 2º dans la privation du droit de vote, d'élection, d'éligibilité, en général de tous les droits civiques, et du droit de porter aucune décoration ; 3º dans l'incapacité d'être juré expert, d'être employé comme témoin dans les actes et de déposer en justice autrement que pour y donner de simples renseignements ; 4º dans l'incapacité de faire partie d'aucun conseil de famille et d'être tuteur, curateur, subrogé-tuteur ou conseil judiciaire, si ce n'est de ses propres enfants et sur l'avis conforme de la famille ; 5º dans la privation du droit de port d'armes, de servir dans les armées françaises, de tenir école ou d'enseigner et d'être employé dans aucun établissement d'instruction à titre de professeur, de maître ou de surveillant. »

La peine de la dégradation civique est toujours perpétuelle.

Il existe encore plusieurs sortes de dégradation : 1º la dégradation de la Légion d'honneur, qui est une conséquence de la précédente ; 2º la dégradation militaire, qui a lieu contre les soldats condamnés à des peines infamantes. Elle se fait en public, en présence de détachements de tous les corps de troupes cantonnés dans la circonscription de la division militaire où a été rendu le jugement.

Il n'est pas de déshonneur plus grand que d'être rejeté par ses concitoyens du sein de la grande famille française.

ER. RICHA.

L'EMPLOI DES RESSOURCES

(BUDGET)

Article 14. — *Chaque citoyen a le droit de* constater par lui-même ou par ses représentants *la nécessité de la contribution publique, de la consentir librement, d'en suivre l'emploi, d'en déterminer la quotité, l'assiette, le recouvrement et la durée.*

Le budget n'est autre chose que la tenue des comptes, établissant le bilan des recettes et des dépenses.

Un budget comporte deux parties : le budget ordinaire qui comprend les recettes d'une nature normale ; le budget extraordinaire, qui ne s'applique qu'à des besoins temporaires et ne s'alimente qu'au moyen d'emprunts.

Le budget de l'Etat est réglé par la loi de finances ; celui du département est réglé par un décret du chef de l'Etat ; celui de la commune, par un arrêté du préfet. Le budget est dit *primitif* avant de l'exécuter ; il est dit *rectificatif* pendant son exécution ; il est dit *définitif* lorsqu'il est exécuté. La période d'exécution des services d'un budget se nomme *exercice*.

Avant de devenir un acte, un budget passe par des états différents. Il ne devient un acte qu'en vertu de la loi de finances, d'un décret et d'un arrêté, s'il s'agit du budget de l Etat, du département et de la commune.

Une loi, un décret, un arrêté mettent le budget en mouvement ou le ferment.

Il ne faut pas confondre l'exercice et l'année. L'exercice se prolonge après la durée de l'année ; c'est la période d'exécution des services du budget.

Le budget comprend deux parties : les *recettes* de l'Etat, c'est-à-dire l'évaluation probable de toutes les contributions directes et indirectes de l'Etat ; les *dépenses* estimées utiles ou indispensables pendant la même année.

Le budget se règle par la comparaison des recettes et des dépenses ; en *balance*, si les recettes sont égales aux dépenses ; en *excédent*, si les recettes sont supérieures aux dépenses ; en *déficit*, si les dépenses sont supérieures aux recettes.

Dans notre société démocratique, la nation elle-même, ou plutôt ses représentants, détermine le montant des dépenses nécessaires aux administrations de l'Etat et en même temps les contributions ou impôts équivalents pour les garantir. Il s'ensuit que toute dépense dans notre pays émane de la volonté librement exprimée de ses membres ; qu'il est donc du devoir de chacun de surveiller l'usage fait des sommes perçues et de s'assurer qu'elles ne sont pas détournées de leur légitime emploi.

La marche ascendante que suit le budget depuis cinquante ans est due indubitablement aux progrès qui se sont réalisés et aux besoins de bien-être qui parallèlement se sont généralisés dans le peuple ; puis enfin, aux dépenses réellement démocratiques qui ont eu pour but le développement de l'instruction, celles qui ont accru nos moyens de transport et de communication, celles qui ont eu pour objet la défense nationale : armement, construction de forteresses, équipement des troupes, sans parler des cinq milliards que nous avons dû verser à l'Allemagne après la guerre de 1870-71, pour la libération du territoire.

Eu. Richa.

LA NÉCESSITÉ DE L'IMPOT

ARTICLE 13. — *Pour l'entretien de la force publique et pour les dépenses de l'administration, une* contribution commune *est indispensable ; elle doit être* également répartie *entre tous les citoyens,* en raison de leurs facultés.

La civilisation qui couvre de ses rameaux bienfaisants la plupart des peuplades de la terre amène les hommes à vivre dans une société régulièrement constituée, qui garantit à ses membres des avantages qu'ils ne pourraient obtenir s'ils étaient isolés et réduits à leurs propres ressources. Mais, pour en recueillir le bénéfice, il importe à chaque nation de posséder des agents de la force publique, une armée, des fonctionnaires qui veillent, chacun dans la limite de ses attributions, à l'exécution des lois préparées dans l'intérêt général. Or, ces agents doivent nécessairement trouver dans l'exercice de leurs fonctions la rémunération légitime des travaux qu'ils font au service de la société. Il faut les payer ; mais, pour les rétribuer, il appartient à la collectivité, aux citoyens d'un même pays de contribuer pour leur part respective à la dépense générale.

De plus, comme il n'est pas indifférent à tous les hommes de passer leur existence dans un bonheur relatif, il résulte de cette tendance instinctive vers l'amélioration des conditions de la vie que l'État qui les gouverne se doit de favoriser le commerce et l'industrie ; de créer en abondance tous les objets qui servent à l'alimentation, au vêtement ; de rendre la vie douce et agréable à tous ; d'accomplir de grands travaux, d'ouvrir des routes, de construire des canaux et des chemins de fer, de distribuer le travail qui vivifie, de répandre la richesse en facilitant les échanges et les transactions de toutes sortes. Puisque tout le monde profite de ces commodités, il en résulte que l'impôt, c'est-à-dire la quote-part proportionnelle dans ces dépenses, est nécessaire et légitime.

La difficulté n'est pas tant dans la perception de l'impôt que dans sa juste répartition. Tout le monde admet pourtant que le riche, dont les intérêts à sauvegarder sont plus grands que ceux du pauvre, donne plus à l'impôt ; mais c'est à la détermination exacte de la fortune de chacun que les agents préposés à cette fonction se perdent dans des considérations souvent fausses et commettent les plus graves erreurs.

La bonne foi des fonctionnaires ne peut généralement pas être suspectée ; aussi, la loi ordonne-t-elle de payer sans récriminations, en attendant que le pays obtienne de ses représentants plus de justice et d'humanité.

L'impôt est obligatoire pour tous, puisqu'il profite à la collectivité. Il n'est permis à personne de s'y soustraire. En outre, l'impôt doit être proportionnel aux facultés de chaque citoyen, c'est-à-dire en rapport avec ses revenus. L'assiette de l'impôt s'appuie donc sur ce double principe : l'égalité et la proportionnalité.

ER. RICHA.

C. CHARIER, éditeur à Saumur

LA SÉCURITÉ PUBLIQUE

ARTICLE 12. — *La garantie des droits de l'homme et du citoyen nécessite une* **force publique.** *Cette force est donc instituée pour l'avantage de tous et non pour l'utilité particulière de ceux auxquels elle est confiée.*

La force publique a pour but de protéger les citoyens dans leur personne et dans leurs biens. Elle ne peut être mise en mouvement qu'en vertu de la loi et n'avoir qu'un but : l'intérêt de la nation. Quiconque l'accaparerait à son profit pour en faire un piédestal à son ambition violerait les garanties que nous offre la Constitution et deviendrait l'instrument naturel du despotisme et de la tyrannie.

La force publique, communément appelée police, est utile et tutélaire ; car, tout en assurant la paix publique, en surveillant tout ce qui peut porter atteinte à la sécurité des citoyens, en amenant la répression des faits délictueux et criminels, elle laisse intacte la liberté.

La force publique doit être essentiellement préventive ; comme elle prête son concours au pouvoir dont l'action ne s'arrête pas généralement aux questions de forme, elle agit elle-même d'une façon discrétionnaire, parce que sa prévoyance qui, avec le tact, est sa qualité maîtresse, doit se manifester selon l'intensité du péril et la nature des causes qui le font naître.

La loi doit donc limiter sa sphère d'opération, afin qu'elle reste exclusivement la sauvegarde des citoyens.

On distingue la police en deux branches : la police administrative et la police judiciaire.

La première a pour but d'empêcher la perpétration des délits et des crimes. Elle est exercée dans toute l'étendue du territoire par le ministre de l'intérieur ; dans les départements et les communes, par les préfets, sous-préfets, maires, aidés dans leur tâche par les commissaires et autres agents municipaux ; à Paris, par le préfet de police et ses auxiliaires.

La seconde a surtout pour objet de découvrir les individus coupables des crimes que la police administrative n'a pu empêcher. Elle cherche des témoins, réunit des preuves, s'assure de la personne des accusés, fait arrêter les coupables et les livre aux tribunaux.

L'État, en outre, pour défendre contre l'étranger, l'indépendance et le territoire de la patrie, a besoin d'une armée permanente, solidement organisée, d'une armée nationale exclusivement réservée au service du pays.

Il appartient à la République d'instituer, par une loi de parfaite égalité, l'obligation du service militaire pour tous.

Er. RICHA.

LA TOLÉRANCE EST DÉSIRABLE, L'INJURE EST ODIEUSE

ARTICLE 10. — *Nul ne doit être inquiété pour ses opinions, même religieuses, pourvu que leur manifestation ne trouble pas l'ordre public établi par la loi.*

Voltaire a dit quelque part, en parlant de la tolérance : « C'est l'apanage de l'humanité; nous sommes tous pétris de faiblesses et d'erreurs : pardonnons-nous réciproquement nos sottises, c'est la première loi de la nature. » Nous n'avons point un cœur pour nous haïr et des mains pour nous égorger. Aidons-nous mutuellement à supporter le fardeau d'une vie pénible et passagère. Que l'inégalité de nos conditions, que nos usages ridicules, nos lois imparfaites, nos opinions insensées, ne soient pas des signes de haine et d'intolérance. Puissent tous les hommes se souvenir qu'ils sont frères ! qu'ils aient en horreur la tyrannie ! Si les fléaux de la guerre sont inévitables, ne nous déchirons pas les uns les autres dans le sein de la paix. Toute autorité qui proscrit un parti, persécute une classe de citoyens, amène forcément des discordes et des troubles. L'intérêt de l'humanité exige la liberté la plus absolue, la liberté des cultes, la liberté de conscience. Le seul moyen d'arriver à distinguer la vérité de l'erreur, et par cela même de contribuer à l'amélioration du genre humain, n'est-il pas d'entretenir entre les hommes l'émulation qui vivifie et de comparer entre elles les diverses méthodes, les lois, les mœurs et les coutumes? « Plus fait douceur que violence, » telle doit être la devise des sages.

ARTICLE 11. — *La libre communication des pensées et des opinions est un des droits les plus précieux de l'homme; tout citoyen peut donc parler, écrire, imprimer librement, sauf à répondre de l'abus de cette liberté dans les cas prévus par la loi.*

La liberté que nous avons d'exprimer notre pensée par la plume ou par la parole doit être employée à la propagation de la justice et de la vérité. Nous devons en user avec le souci de ne froisser personne, évitant avec soin d'injurier ou de diffamer nos concitoyens.

Les injures publiques à quiconque sont punies, de même que la menace écrite, signée ou anonyme.

La diffamation est considérée comme plus grave, parce qu'elle est la divulgation d'un fait qui porte atteinte à l'honneur ou à la considération.

Observons cette maxime charitable : « Ne faites pas à autrui ce que vous ne voudriez pas qu'on vous fît. »

Un faux point d'honneur que les hommes entretiennent encore à l'aube du vingtième siècle, maintien l'usage déplorable du duel. Cette mode est un reste de barbarie, un moyen vain et inutile de réparer une injure. Au lieu de recourir à un arbitrage ou à un tribunal d'honneur, on fait appel aux sentiments brutaux de l'individu. C'est la raison et le droit, passant après les avantages physiques de l'adresse ou de la force. Espérons qu'une loi judicieuse et sévère en interdira bientôt la manifestation inhumaine.

ER. RICHA.

C. CHARIER, éditeur à Saumur

LA PRISON PRÉVENTIVE

*Article 9. — Tout homme, étant présumé innocent jusqu'à ce qu'il ait été déclaré coupable,
s'il est jugé indispensable de l'arrêter, toute rigueur qui ne serait pas nécessaire pour s'assurer
de sa personne doit être sévèrement réprimée par la loi.*

Arrêter un citoyen sous l'inculpation d'un crime dont il sera peut-être déclaré innocent est
une action qui exige de son auteur les qualités de tact et de finesse qu'on aimerait à rencontrer
chez tous ceux qui sont chargés de cette délicate mission. Cette détention préalable n'est pas
une peine, puisqu'elle se produit avant le jugement, mais c'est une mesure de prudence basée
sur des considérations d'intérêt public.

La détention préventive est une atteinte à la liberté individuelle, une injustice, mais une injustice nécessaire.

Les raisons qui militent en faveur de cette dérogation aux principes sont les suivantes :
1° La nécessité d'empêcher que le prévenu ne se dérobe à la justice par la fuite ; 2° qu'il ne
fasse disparaître les preuves ou leur fasse subir une altération quelconque ; 3° la simplification
de la procédure d'instruction. A vrai dire, il n'y a dans tout cela qu'un motif sérieux : la fuite
possible du prévenu, motif suffisant d'ailleurs pour légitimer l'atteinte portée à la liberté individuelle.

Il faut avouer que dans cet ordre d'idées, il reste encore quelque chose à faire. N'est-il pas
choquant qu'à l'aube du XX° siècle nous en soyons à reconnaître une injustice comme un mal
nécessaire ? Ne serait-il pas possible de la restreindre tout au moins aux seuls cas où les
présomptions de culpabilité seraient tellement fortes que l'inculpé n'aurait d'autre ressource que
la fuite ?

Dans les cas moins graves, ne serait-ce pas suffisant d'exiger simplement du prévenu une
caution fixée par un jury ? Ce même jury remplacerait avantageusement un magistrat instruc-
teur dont le pouvoir arbitraire détonne un peu dans une société démocratique.

Ce n'est pas tout, une lacune considérable existe dans notre législation, c'est le principe de
l'indemnité pour le dommage causé au prévenu innocent par la détention préventive. La société doit à l'inculpé une réparation entière du préjudice moral et matériel qui lui ont été causés.
Aussi est-il surprenant que cette loi de haute moralité n'ait pas encore été votée au Parlement.

Espérons que sous les auspices de l'esprit républicain qui anime le Pouvoir législatif, il
nous sera donné bientôt de voir se réaliser ces vœux d'une portée essentiellement humaine.

ER. RICHA.

J. CHARIER, éditeur à Saumur

LES DROITS DE L'ACCUSÉ

<hr>

A**RTICLE** **8.** — *La loi ne doit établir que des peines strictement nécessaires et nul ne peut être puni qu'en vertu d'une loi établie et promulguée antérieurement au délit et légalement appliquée.*

Les peines sont applicables en raison de l'importance des délits et de leur degré de criminalité. Pour les délits identiques elles doivent être uniformes, sans acception de rang ou de condition des coupables. La loi ne punit que lorsqu'on attente aux droits des autres citoyens, ou qu'on viole les règlements et conventions qui régissent la société.

La loi est la même pour tous. Il n'y a plus aujourd'hui de distinctions à faire entre la noblesse et la roture. La Révolution de 1789 a emporté dans le même mouvement de rénovation sociale tous les privilèges attachés à la naissance et à l'hérédité.

Les seules distinctions de nature à influer sur l'incrimination de l'acte et l'application de la peine sont celles inhérentes à la profession de l'inculpé. Il arrive très souvent qu'un fait est ou n'est pas un délit, suivant la condition professionnelle de la personne. Pour la même faute, un agent de change, par exemple, se verra appliquer une condamnation beaucoup plus sévère qu'un commerçant, parce que, entre ses mains, la faute revêt un caractère de gravité beaucoup plus considérable.

La 3ᵉ République a beaucoup fait dans le travail d'amendement entrepris pour ramener à une plus saine appréciation de la justice le Code pénal du 25 septembre 1791, qu'un tarif inflexible de pénalité avait rendu intolérable. La bonne volonté des juristes de la Révolution n'est pas douteuse; mais en haine de l'ancien arbitraire du juge criminel, ils avaient exagéré le principe d'égalité en établissant des peines fixes, invariables, sans atténuation possible, ne laissant aucune marge à l'appréciation et à l'indulgence.

C'est de cette préoccupation que sont nés le système de gradation ou de dégradation de la culpabilité, le cas de légitime défense, le droit de grâce du Président de la République, les circonstances atténuantes, et enfin la loi de sursis.

Ces améliorations procèdent d'une tendance très marquée à rendre plus humaines les mesures coercitives et répressives établies par la loi.

Quant à l'objet de l'article 2 du Code civil qui dit que la loi n'a point d'effet rétroactif, c'est de donner à chaque citoyen une garantie de sécurité. Il en résulte que personne n'est exposé à subir une peine édictée par une loi postérieure aux faits qu'il s'agit de punir. La société n'a aucun intérêt à appliquer une peine qu'elle a jugée inutile. La peine n'est pas une vengeance, mais un exemple.

ER. RICHA.

C. CHARIER, éditeur à Saumur

LA LOI REMPLACE L'ARBITRAIRE

ARTICLE 7. — *Nul homme ne peut être accusé, ni arrêté, ni détenu que dans les* cas déterminés *par la loi, et selon les formes qu'elle a prescrites. Ceux qui sollicitent, expédient, exécutent ou font exécuter des* ordres arbitraires doivent être punis ; *mais tout citoyen appelé ou saisi en vertu de la loi doit obéir à l'instant : il se rend coupable par la résistance.*

I. — Arrestation arbitraire. — *Voir l'article 5*

II. — Obéissance à la loi. — La Révolution française, dans sa grande œuvre de réparation et de justice, a reconnu des droits aux citoyens et tracé au pouvoir des limites nettes et précises. Il s'ensuit que l'obéissance aux lois s'impose comme une nécessité d'ordre et de paix sociale qu'on ne saurait violer sans encourir une peine méritée. Dans une démocratie, dans un pay où la souveraineté du peuple est en exercice et fonctionne librement, tout encouragement à la résistance, tout appel à la désobéissance aux lois et à la force doit être sévèrement condamné. La seule arme légale, c'est le bulletin de vote. C'est à l'opinion publique qu'on doit avoir recours ; c'est elle qu'on doit s'efforcer de convertir à ce qui paraît juste et équitable ; car elle seule, par ses mandataires au Parlement, peut obtenir satisfaction et faire voter les réformes utiles au pays.

Le seul cas où un citoyen puisse refuser d'obéir, c'est lorsque les hommes au pouvoir violent eux-mêmes les lois. La désobéissance, au contraire, revêt le caractère du courage civique et a droit à notre admiration. Aussi, le meilleur moyen pour les gouvernants d'être obéis, c'est de s'en rendre dignes par leur exemple et leur conduite. Les grands comme les petits, les riches comme les pauvres, doivent au pays le respect des institutions qu'il s'est données.

Si on admet que dans certains cas, très rares dans une démocratie, le citoyen peut se révolter contre l'arbitraire et refuser l'obéissance au pouvoir, il n'en est plus de même de l'armée, où l'obéissance passive, sans raisonnement, est un devoir strict. Prétendre le contraire serait nier la discipline et concourir à la ruine de l'armée. Cette soumission cependant ne va pas jusqu'à l'anéantissement complet de la faculté de penser. Il est bien évident que l'obéissance militaire a une limite : *le respect de la loi*, et qu'un chef factieux qui viole la loi abdique par là même son autorité, puisqu'il tarit la source d'où elle émane.

Le respect de la loi est donc le critérium infaillible sur lequel le citoyen, comme le soldat, peut guider sa conscience pour savoir de quel côté il doit orienter sa marche et sortir honorablement d'une situation que des circonstances difficiles auraient pu créer.

ER. RICHA.

C. CHARIER, éditeur à Saumur

HOMMAGE A LA VERTU ET AU TALENT

ARTICLE 6. — *La loi est l'expression de la volonté générale : tous les citoyens ont le droit de concourir personnellement ou par leurs représentants à* sa formation. *Elle doit être la* même pour tous, *soit qu'elle protège, soit qu'elle punisse. Tous les citoyens, étant égaux à ses yeux, sont également* admissibles à toutes dignités, *places et emplois publics, selon leur capacité et sans autre distinction que celle de leurs vertus et de leurs talents.*

I. — **Formation des lois.** — *Voir l'article* 3.

II. — **Egalité devant la loi.** — *Voir l'article* 1.

III. — **Admissibilité aux dignités.** — Dans notre société démocratique, l'hérédité des fonctions et des dignités n'existe plus ; car tous les citoyens sont également admissibles aux emplois publics. Il s'ensuit que la naissance ne peut plus être invoquée pour la nomination d'un fonctionnaire. Les seules considérations de l'heure présente sont non seulement l'âge et l'état civil du postulant, mais principalement sa moralité et sa capacité.

Bien qu'il n'y ait pas de règle rigoureuse pour constater la *probité* et les bonnes mœurs exigées des fonctionnaires, les candidats aux fonctions de l'Etat ont le soin de se prémunir le plus souvent de certificats de bonne conduite, émanant des personnes antérieurement mises en relations avec eux.

La *capacité* n'est pas moins nécessaire aux fonctionnaires que la probité. Les garanties que la loi a établies à cet égard sont de nature diverse : concours, examen, diplôme, etc. Aucune condition de fortune personnelle n'est exigée des candidats, ce qui serait contraire au principe de l'égale admissibilité de tous les Français aux emplois publics. Cependant, étant donnée la responsabilité de certains fonctionnaires dépendant du ministère des Finances qui ont en maniement un certain roulement de fonds, on exige d'eux un cautionnement, c'est à-dire le dépôt d'une somme d'argent en rapport avec l'importance de la fonction. Ce cautionnement constitue une garantie matérielle en cas d'erreur, de perte ou de vol.

Indépendamment des garanties de capacité que donnent les concours, les examens et les diplômes, il arrive souvent qu'avant de conférer les fonctions aux aspirants, on exige d'eux l'obligation d'un stage pour compléter leur instruction générale d'une connaissance pratique des affaires qu'ils auront à traiter dans l'administration de leur choix.

Quant aux conditions physiques qui sont nécessaires pour pouvoir remplir les fonctions, il semble bien qu'on ne s'arrête à aucune autre considération qu'aux infirmités qui mettraient le fonctionnaire dans l'impuissance d'accomplir ses devoirs.

ER. RICHA.

C. CHARIER, éditeur à Saumur

LA LIBERTÉ INDIVIDUELLE

ARTICLE 5. — *La loi n'a le droit de défendre que les actions nuisibles à la société. Tout ce qui n'est pas défendu par la loi ne peut être empêché, et nul ne peut être contraint à faire ce qu'elle n'ordonne pas.*

La liberté individuelle est le droit de disposer librement de sa personne et d'obtenir protection ou réparation contre les arrestations illégales, violations de domicile, ou autres atteintes portées à la sûreté dont chaque citoyen doit jouir dans la société.

La liberté individuelle n'existait pas en France avant la Révolution de 1789. Avant cette date mémorable, les lettres de cachet avaient cours ; c'était le règne du bon plaisir et de l'arbitraire élevé à la hauteur d'une institution.

Mirabeau disait : « La prérogative royale par laquelle un citoyen peut être détenu prisonnier, en vertu d'une lettre close et sans aucune forme judiciaire, est une violence contraire à notre droit public et réprouvée par nos lois. Fût-elle fondée sur un titre légal, elle n'en serait pas moins illégitime et odieuse, parce qu'elle répugne au droit naturel, parce que les détentions arbitraires sont destructives de toute liberté, et que la liberté est le droit inaliénable de tous les hommes. L'usage des lettres de cachet est tyrannique sous quelque point de vue qu'on l'envisage, et son utilité prétendue, entièrement illusoire, ne saurait jamais balancer les inconvénients terribles qui en résultent. »

L'Assemblée constituante abolit les lettres de cachet, et dans la constitution qu'elle donna au pays, le 3 septembre 1791, elle inscrivit le principe désormais impérissable que nul ne peut être arrêté ou détenu que dans les cas prévus par la loi.

Les actes particuliers inoffensifs et tout ce qui n'est pas défendu par la loi ne peuvent être empêchés. Personne, en effet, ne peut nous obliger à faire ce que la loi ne commande pas, ni nous empêcher de faire ce qu'elle ne nous interdit pas.

L'observation de ces principes, c'est répondre au but de la liberté individuelle.

Pour s'assurer jusqu'à quel point la liberté individuelle est garantie dans le droit d'une nation, c'est moins aux théories plus ou moins libérales de son droit public qu'il faut regarder, qu'aux lois organiques qui mettent en œuvre les principes d'une manière effective.

Si la Révolution a jeté les bases sur lesquelles repose le principe de la liberté individuelle et a contribué à la faire accepter dans nos mœurs autant que dans nos lois, il faut pourtant avouer qu'il lui restait encore quelque chose à faire, tant que ce qu'on a appelé la *contrainte par corps* ne fut pas rayée radicalement de nos codes.

Qu'entendait-on par *contrainte par corps ?* La voie d'exécution qui consistait à priver de la liberté la personne d'un débiteur pour le contraindre à remplir ses engagements.

En dehors des faits correctionnels et criminels, il ne reste plus rien aujourd'hui de ce moyen de coercition odieux, immoral et inhumain : aliénation préventive de la liberté humaine ; puis contrainte et rigueur personnelle, arbitraire, d'homme à homme, sans intervention de la puissance publique. En un mot, double violence, et du pacte social, et du droit essentiel qui constitue la personnalité humaine.

La liberté individuelle nous préserve à jamais du retour de pareils attentats à la conscience des hommes !

ER. RICHA.

C. CHARIER, éditeur à Saumur

LES BORNES DE LA LIBERTÉ

ARTICLE 4. — *La liberté consiste à pouvoir faire tout ce qui ne nuit pas à autrui, ainsi, l'exercice des droits naturels de chaque homme n'a de bornes que celles qui assurent aux autres membres de la société la jouissance de ces mêmes droits. Ces bornes ne peuvent être déterminées que par la loi.*

La liberté est un droit primordial que l'homme possède par nature d'agir à son gré, et non par contrainte extérieure. Mais dans l'état social, la liberté naturelle est restreinte par les conventions établies pour l'utilité commune. Il s'ensuit que la liberté dont tout citoyen jouit dans une société civilisée ne peut être que relative. La définition de la liberté ainsi comprise est le droit pour chacun de faire tout ce qui ne peut nuire à autrui, maxime humanitaire, vraie base de l'ordre social que la France a inscrite dans ses lois en 1789, au prix des plus grands sacrifices. Toute société moderne s'appuie sur deux faits d'ordre contradictoire : l'autorité et la liberté, autrement dit, les obligations que la société impose à ses membres, d'une part, et de l'autre les droits que l'espèce humaine acquiert en naissant. L'antagonisme de ces deux faits a de tout temps apporté dans les sociétés les vicissitudes et les perturbations qui en détruisent l'harmonie et l'idéale perfection. Les hommes sont donc continuellement ballottés entre ces deux tendances : nier l'autorité, c'est-à-dire préconiser l'anarchie et détruire les liens qui retiennent les citoyens sous les même lois ; nier la liberté, autrement dit installer le despotisme et mettre la société en coupe réglée entre les mains de tyrans ou d'usurpateurs.

C'est qu'en effet la liberté, étant la limite naturelle de l'autorité, s'est toujours présentée aux gouvernements comme un obstacle à leur ambition et comme une digue qui s'oppose à tous les abus du pouvoir. L'antagonisme de la liberté et de l'autorité explique suffisamment les révoltes de l'une et la tyrannie de l'autre.

La Révolution de 1789 nous a enseigné qu'il existe entre ces deux opinions opposées un moyen terme dont elle a poursuivi avec plus ou moins de succès la réalisation pratique. Son rêve généreux fut longtemps un idéal pour les générations qui ont suivi son éclosion. Il appartenait à la République de faire un pas de plus vers la parfaite harmonie entre les pouvoirs publics et les citoyens animés de résoudre consciencieusement le problème de la liberté, telle qu'elle doit exister dans une société bien équilibrée.

La bonne entente et la concorde entre les hommes d'un même pays sont le meilleur garant que la liberté y est en honneur. La vie n'est faite que de concessions mutuelles. La tolérance, quand elle n'est pas en contradiction avec les lois, doit être acceptée par tous au grand profit de la liberté.

ER. RICHA.

C. CHARIER, éditeur à Saumur

LA SOUVERAINETÉ DU PEUPLE

ARTICLE 3. — *Le principe de toute souveraineté réside essentiellement dans la nation ; nul corps, nul individu ne peut exercer l'autorité qui n'en émane expressément.*

C'est dans le peuple, c'est-à-dire dans la société, tout entière qu'il faut placer la source permanente de la souveraineté civile. La formation d'un gouvernement démocratique ne peut se produire que par délégation ou représentation des éléments de la souveraineté du peuple. Les divers changements qui peuvent survenir dans la forme, le nom, le personnel du pouvoir laissent intact le principe, le droit de souveraineté, le droit de la majorité ; car dans tout pouvoir vraiment social on est fondé à voir en lui l'organe, le représentant, le mandataire de la société. De ce principe sort naturellement ce qu'on pourrait appeler la légitimité de la démocratie.

Dans une société reposant sur la souveraineté du peuple, il n'appartient à aucun individu, à aucune classe de soumettre les autres citoyens à sa propre volonté. Tous étant égaux devant la loi, ils ont un droit égal de participer à la direction des affaires publiques. L'universalité des citoyens est le souverain, dans ce sens que nul individu, nulle fraction, nulle association partielle ne peut s'arroger la souveraineté si elle ne lui a pas été déléguée ou si elle n'est pas détenue conformément aux lois.

Les corps constitués auxquels le peuple délègue ses droits dans notre république sont: la Chambre des députés, le Sénat, la Magistrature, l'Armée, ou indirectement quelques hauts dignitaires, tels que le Président de la République, les Ministres, les Préfets.

Le gouvernement est l'ensemble des pouvoirs qui régissent la nation : le pouvoir législatif, le pouvoir exécutif et le pouvoir judiciaire. Le premier est le pouvoir qui fait les lois ; le second celui qui les exécute, et le troisième celui qui punit ceux qui les violent.

Le pouvoir législatif est l'expression directe de la souveraineté nationale. Les deux autres en dérivent, et pour cette raison ne sont pas au même titre que le premier l'émanation même de la pensée démocratique.

Par suite de la séparation des pouvoirs qui, dans notre constitution, attribue à chacun un domaine propre et des fonctions spéciales, on a voulu fermer la voie aux entreprises audacieuses d'un usurpateur ou d'un tyran qui en imposerait à ses égaux pour s'élever au-dessus d'eux et conduire la France au gré de ses caprices.

Il s'ensuit que la confusion des pouvoirs n'étant pas à craindre, notre attention doit se porter de préférence sur le pouvoir législatif, le plus important des trois ; car sa mission de faire des lois l'emporte sur celle de les faire exécuter ou de punir ceux qui les violent.

Il nous reste donc à expliquer quels rapports et quels liens rattachent le peuple au pouvoir en général, et par quels moyens, en particulier, le pouvoir législatif se trouve être le représentant, le mandataire direct de la volonté nationale.

La République de 1848 a mis entre les mains des Français le moyen de désigner librement leurs délégués aux fonctions publiques : le bulletin de vote par le suffrage universel. Chacun est libre de voter pour celui ou ceux qu'il croit le plus dignes de le représenter pour la défense de ses opinions et de ses intérêts. Le citoyen d'une démocratie libre exerce ainsi par délégation son droit de contrôle sur les affaires publiques et contribue à orienter les destinées du pays en y prenant une part égale pour tous, ouvriers ou patrons, riches ou pauvres.

Pour être électeur, il suffit d'être citoyen français, d'avoir 21 ans, de jouir de ses droits civils et politiques, et de n'avoir jamais subi de peine infamante.

Eu. RICHA.

G. CHARIER, éditeur à Saumur

LES DROITS NATURELS DE L'HOMME

(liberté, propriété, sûreté, résistance à l'oppression)

ARTICLE 2. — *Le but de toute association politique est la conservation des droits naturels et imprescriptibles de l'homme. Ces droits sont : la* **liberté**, *la* **propriété**, *la* **sûreté**, *la* **résistance** à l'oppression.

I. — **La liberté.** — *Voir l'article 4.*

II. — **La propriété** est une conséquence de la liberté, une création de l'individu, antérieure aux lois dont l'office est de la reconnaître et de la garantir. Elle est le droit de jouir et de disposer de ses biens, de ses revenus, du fruit de son travail et de son industrie. L'homme, propriétaire de lui-même, de ses facultés, de ses organes, l'est, par suite, du résultat de leur exercice, et des objets qu'ils transforment. Tel est le système sur lequel se sont appuyés les auteurs de la Déclaration des droits de l'homme et du citoyen en faisant découler la propriété de la liberté. La propriété est un droit *naturel* parce que chacun de nous le reçoit en naissant. Rien ne peut le dénaturer : il est *imprescriptible*. Tout citoyen peut disposer à son gré d'un bien qu'il tient de ses ancêtres ou qu'il a légitimement acquis.

Citons, à titre documentaire, l'exposé d'un système différent de celui des auteurs de la Déclaration des droits de l'homme, qui donne une origine civile à la propriété et n'affaiblit nullement la juste idée que l'on doit se faire de sa légitimité et de son inviolabilité. Ce système, adopté par des esprits éclairés de notre époque, mérite la plus sérieuse attention : La propriété, y affirme-t-on, n'est point antérieure à la société, car, sans l'association politique dont dépendent les hommes qui vivent sous les mêmes lois, elle n'aurait aucune garantie et ne serait que le droit de la force. La propriété n'existe que par la société, qui maintient à chacun la partie qu'il occupe en lui en garantissant la jouissance avec les changements qui proviennent des circonstances et des faits.

Ce dernier système n'a pas moins de valeur que le premier, car il semble bien que l'homme isolé ne saurait prétendre défendre ses droits, tandis que, groupés, les citoyens d'un même pays peuvent s'assister les uns les autres et jouir plus tranquillement des biens qu'ils possèdent, sous la garantie des lois.

La Révolution a donc servi l'humanité en affranchissant la propriété de toutes les servitudes consacrées par les anciennes coutumes. Elle reconnut à chaque citoyen le droit de vendre, de donner, de transmettre sa propriété sans être obligé de payer une redevance au seigneur.

III. — **La sûreté** est l'état de celui qui vit dans la certitude que ses biens comme sa personne n'ont rien à craindre de la méchanceté des hommes ou de la tyrannie des autorités. Voir l'art. 5 : la liberté individuelle.

La police naquit de cette préoccupation. Cette institution est faite, dans un pays démocratique comme le nôtre, pour maintenir l'ordre public, la liberté, la propriété, la sûreté individuelle. Son caractère principal est la vigilance. La société, considérée en masse, est l'objet de sa sollicitude.

IV. — **La résistance à l'oppression.** — Si le premier devoir du citoyen est de respecter les institutions que le pays s'est librement données, le second est de les défendre contre les usurpateurs, les despotes et les tyrans. L'histoire n'absout pas la lâcheté des peuples qui, en subissant la tyrannie, s'en font les complices. Tout au contraire, elle n'a pas assez d'éloges pour les citoyens vertueux qui, dans la défaillance générale des âmes, conservent toute la fierté de leur caractère : contre l'oppression et la tyrannie, l'insurrection est le plus sacré des devoirs.

Ern. BICHA.

C. CHARIER, éditeur à Saumur

L'ÉGALITÉ DEVANT LA LOI

ARTICLE 1er. — *Les hommes naissent et demeurent libres et égaux en droits. Les distinctions sociales ne peuvent être fondées que sur l'utilité commune.*

La révolution de 1789 mit un terme aux fâcheuses inégalités qui existaient entre les enfants d'une même patrie. Les Français d'alors étaient les *sujets* du roi, et non pas les *citoyens* d'un pays libre. Des priviléges nombreux étaient injustement octroyés aux membres de la noblesse et du clergé. C'est l'honneur des hommes de la Révolution d'avoir réduit à néant les abus sortis d'un pareil état de choses et d'avoir proclamé à la face du monde la vanité des préjugés basés sur la naissance et la fortune. Ces prétextes à la supériorité d'un homme sur son semblable ont reçu la première consécration du mépris qu'ils inspiraient, dans la fameuse nuit du 4 août 1789, pendant laquelle les dîmes, corvées, droits féodaux, jurandes, maîtrises, furent définitivement abolis.

Cette mémorable séance avait vu s'accomplir pacifiquement la plus grande révolution sociale de tous les temps. Comme suite naturelle de l'abolition des priviléges, on lut à l'Assemblée, le 26 août, la Déclaration des droits de l'homme et du citoyen, véritable monument élevé à l'affranchissement de l'humanité. L'assemblée adopta, pour servir de préambule à la constitution, l'acte suivant qui marque pour jamais l'une des plus grandes époques de l'histoire :

« Les représentants du Peuple français, constitués en Assemblée nationale, considérant que l'ignorance, l'oubli ou le mépris des droits de l'homme sont l'unique cause des malheurs publics et de la corruption des gouvernements, ont résolu de rétablir dans une déclaration solennelle les droits naturels, inaliénables, imprescriptibles et sacrés de l'homme, afin que cette déclaration, constamment présente à tous les membres du corps social, leur rappelle sans cesse leurs droits et leurs devoirs ; afin que les actes du Pouvoir législatif et ceux du Pouvoir exécutif, pouvant être à chaque instant comparés avec le but de toute institution politique, en soient plus respectés ; afin que les réclamations des citoyens, fondées désormais sur des principes simples et incontestables, tournent toujours au maintien de la constitution et au bonheur de tous.

« En conséquence, l'Assemblée nationale reconnaît et déclare, en présence et sous les auspices de l'Être suprême, les droits suivants de l'homme et du citoyen. »

Si l'égalité des droits est aujourd'hui un fait accompli, nous devons aux hommes qui en on été les précurseurs un tribut de fraternelle gratitude.

Gardons-nous pourtant de confondre l'égalité des droits et l'égalité de condition. La première est la seule qui exige notre sollicitude. En proclamant que « tous les hommes naissent et demeurent libres et égaux », la Révolution a voulu exprimer que tout gouvernement démocratique a le devoir de ne favoriser aucun citoyen plus qu'un autre. La loi n'a pas de préférence. Riches ou pauvres, tous sont égaux devant la loi, devant l'impôt. Tous sont également admissibles aux fonctions publiques. Ne mêlons pas l'envie à nos revendications sociales, et reconnaissons que le nivellement des fortunes est aussi chimérique que l'égalité du bonheur. Tout ce que peut faire l'État pour assurer à chacun l'égalité, telle que nous la comprenons ici, c'est de concourir par des lois sages au libre développement des facultés de l'individu, afin qu'il ne puisse y avoir de distinctions en ce monde que celles qui dérivent de l'intelligence, des vertus et du talent.

Ajoutons que, pour le bon fonctionnement de la société, la loi confère à ceux qui s'en sont rendus dignes une autorité sur leurs concitoyens, sans distinction de naissance. Ce pouvoir que ces élus du peuple tiennent de la loi n'est point dû au caprice d'un seul, mais à la libre délibération des corps constitués, émanation d'une démocratie consciente de ses droits et de ses devoirs.

L'égalité ainsi comprise est bien celle qui figure dans notre devise républicaine.

ER. RICHA.

G. CHARIER, éditeur à Saumur